阅读天津

罗澍伟 主编

津渡
FERRY
CROSSING

天工开万物

张立平——著

天津出版传媒集团

天津人民出版社

图书在版编目（CIP）数据

天工开万物 / 张立平著. —— 天津 : 天津人民出版
社 , 2022.10
（阅读天津·津渡 / 罗澍伟主编）
ISBN 978-7-201-18759-4

Ⅰ.①天… Ⅱ.①张… Ⅲ.①工业史 - 天津 Ⅳ.
① F429.21

中国版本图书馆 CIP 数据核字 (2022) 第 159493 号

天工开万物
TIANGONG KAI WANWU

出　　版　天津人民出版社
出 版 人　刘　庆
地　　址　天津市和平区西康路 35 号
邮购电话　（022）23332469

策　　划　纪秀荣　任　洁　赵子源
责任编辑　苏　晨
装帧设计　世纪座标　明轩文化
美术编辑　郭亚非　汤　磊

印　　刷　天津海顺印业包装有限公司
经　　销　新华书店
开　　本　787 毫米 ×1092 毫米　1/32
印　　张　5.5
字　　数　65 千字
版次印次　2022 年 10 月第 1 版　2022 年 10 月第 1 次印刷
定　　价　38.00 元

阅读天津·津渡

HOW TO READ TIANJIN

FERRY CROSSING

主编的话

罗澍伟

　　乘着凉爽的秋风，"阅读天津"系列口袋书第一辑"津渡"，翩然而至，饱含播种的艰辛和收获的喜悦。

　　天津，是国家历史文化名城，是一座因河而生、因海而长的城市。河与海，丰富了这座城市的历史与生命，让她既传统又时尚，既守正又包容，既质朴又浪漫，多元文化在这里相遇。一年四季，这座城市总是仪态万方、光华夺目，散发着永恒的人文魅力。

　　"津渡"，以上吞九水、中连百沽、下抵渤海的海河为蹊径，深情凝视这座城市的岁月过往，又经由现代价值的过滤，带领读

HOW TO READ TIANJIN

FERRY CROSSING

者重返时间洪流，感受津沽大地所存储的厚重记忆。十本图文并茂的普及性读物，涵盖了海河的历史悠久、运河的遗存丰厚、建筑的精美绝伦、桥梁的琳琅满目、洋楼的名人荟萃、工业的兴盛发达、美食的回味无穷、年画的意蕴深厚、方言的风趣幽默、文学的乡愁悠远。英国浪漫主义诗人雪莱说："历史是'时间'写在人类记忆中一首循环的诗。"认真阅读，既可以领略这座城市源远流长、群星璀璨的深层历史况味，又可以与这座城市异彩纷呈的多元文化来一场愉悦的邂逅。

"津渡"，配有一份精致的手绘长卷《海河绘》，以杨柳青木版年画特有的丹青点染，绘就一条贯穿"津城""滨城"的浩荡长河，上至永乐桥上的"天津之眼"，下达恢宏壮观的天津港；细致描摹两岸众多人文景观，组成了令人流连忘返的沽上美景。站在画前端详，可以直观感受到，水扬清波、直奔大海的海河就是整座城市的生命之源。

"津渡"，巾箱本，特别适合边走边读。漫步街巷与河畔，探寻蕴藏其中的城市文化精髓，可以得到一种满足、一种惬意、一种充实、一种厚重、一种遐思。在传统文化与现代精神的互动中，深入认识这座城市的文化创造力和当代价值追求，以及丰厚滋润的精神归宿，用阅读修养身心。

2019年1月，习近平总书记在天津视察时，作出了"要爱惜城市历史文化遗产，在保护中发展，在发展中保护"的重要指示。

"阅读天津"系列口袋书的出版，是传承发展中华优秀传统文化和守护城市文脉的生动体现，也是悠久历史文化与壮阔现实巨变的聚汇融通，更是深入贯彻习近平总书记重要指示精神的切实行动。爱惜和保护，让我们的城市敞开心扉，留住乡愁；创新和发展，让我们的城市充满生机，万象更新。

正是在这个意义上，热切期望"阅读天津"系列口袋书其他各辑，也能早日出版面世！

（主编系著名历史文化学者、天津市社会科学院研究员、天津市文史研究馆馆员）

HOW TO READ TIANJIN

FERRY CROSSING

一条河的工业史

　　海河缓缓流淌，汽笛声声悠长，一艘艘游船迎接着南来北往的旅人。两岸建筑精致、风光秀丽，可谓"舟行碧波上，人在画中游"。然而，一百多年前的海河，并非一幅静谧旖旎的工笔画卷，而是另一番墨彩飞扬的写意景象——烟囱高耸、工厂遍布、机器轰鸣，那是这座城市工业文明走过的印迹。

　　19世纪60年代，天津开埠，作为晚清洋务运动的中心之一，一批现代化的军事和民用工业企业建成投产。20世纪30年代，海河两岸已经聚集了大量纺织、酿酒、地毯、食品、金属加工等企业。

　　彼时的海河，是一条生产之河、运输之河，虽然干流只有73千米，百年来却成为工业布局的首选。河海交汇为工业生产提供了便利，例如纺纱、面粉、火柴的大宗生产原料均依靠内河航运。进口原料也皆由海上运输到港后，再经海河运入内陆。1898年至1924年，为进一步扩大内河航运，海河航道曾六次裁弯取直。

　　1949年1月15日，天津解放，城市的命运首次掌握在人民手中。30万产业工人随即复工复产，迅速投入一线生产中，为国家建设发展贡献自己的力量。天津不再满足于"老家底"的优势，着手发展冶金、石油、化工、电子、汽车等新的工业门类，中华人民共和国成立后的第一块国产手表、第一辆国产自行车、第一台国产照相机相继诞生。

　　经过几代人的不懈努力，天津逐渐形成钢铁、石化、轻纺、电子、医药、汽车等优势产业，工业成为全市经济的半壁江山。工业分为41个大类，天津拥有39个；207个中类，天津拥有191个；666个小类，天津拥有606个。天津，已成为全国工业体系最完备的城市。

　　进入21世纪，天津工业正处于转型升级的关键时期，海河也到了需要被重新定位的时候。按照城市总体规划布局，海河沿岸启动综合开发改造，沿河建成独具特色、国际一流的服务型经济带、文化带和景观带，成为现代服务业发展的引擎。纺织企业搬走了，化工企业搬走了，机械企业搬走了……海河沿线两百多家老工业企业实现了战略东移。

　　从1860年海河岸边第一家铁铺的诞生，到21世纪最后一家企业的搬迁，在一百多年的发展历程中，海河完成了华丽的转身。从此，海河两岸没有了机声隆隆，但那些保留下来的老厂房、老设备却成为不可磨灭的城市记忆，化为支撑城市内在品格的重要基因。

　　这些曾经辉煌的老工业留给我们最宝贵的财富是什么？

　　艰苦奋斗、自力更生、永不服输、不甘落后、顽强拼搏、责任担当、开放包容、兼容并蓄……

　　中国实业先驱周学熙、中国民族化学工业之父范旭东、"侯氏制碱法"创始人侯德榜、油漆大王陈调甫、"抵羊牌"毛线创始人宋棐卿……

　　天津工业的精神内核，不仅在于产业，更在于这一个个闪亮名字背后看不见摸不着的"资产"：心系家国的担当、力克"卡脖"的志气、不挣"快钱"的清醒、敢为天下先的魄力。这是新时代天津工业取之不尽、用之不竭的宝贵财富。

　　如今，海河两岸沉寂多年的工业遗产又"活"了过来，博物馆、创意街区拔地而起，智能化、绿色化工厂碧树掩映，736平方千米绿色生态屏障沿河铺展，映照在海河粼粼的波光里，就像这座城市对未来的梦想，鲜亮而灿烂。

张立平

2022年9月

目录
CONTENTS

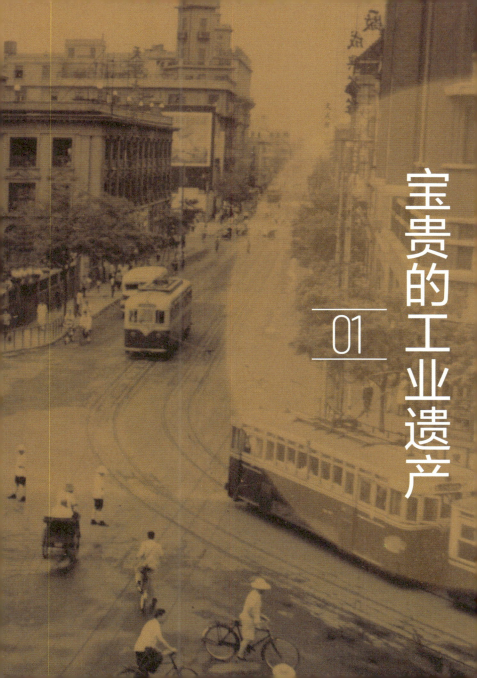

宝贵的工业遗产

01

三条石
天津最早的工业之声

　　海河水系流经京、津、冀、晋、鲁、豫、辽、内蒙古，最后在天津汇入大海。从入海口逆流而上 73 千米，便是海河干流的起始位置——三岔河口。

　　"先有三岔口，后有天津卫。"三岔河口水陆交通便利，曾是南北漕运的枢纽。

　　随着岁月的变迁，如今的三岔河口，立起了座座高楼。三条石历史博物馆就处于一片高层住宅小区的合围之中。

　　红桥区尚都家园 14—3 号，是一个不起眼的中式院落，推门而入，昔日的喧嚣与繁华归于宁静。发黄的老照片、沉重的铁器、满是锈迹的机床、旧时的工棚，记录着这座城市手工打铁铺子叮叮当当、火花飞溅的历史。

1959 年，三条石地区的机械面粉厂里，工人们已使用新式机器生产（关平摄）

天津红桥区三条石大街（天津市档案馆馆藏）

天津的工业之声，最早就是从三条石地区的石板路上传出来的。早在20世纪30年代，三条石地区就成为天津乃至华北地区机械制造及铸铁业的中心。

"三条石"最初是指并排铺就道路的三条大青石板，后来通指天津三岔河口地区以南运河、北运河及河北大街构成的三角地带，占地面积约48.6万平方米。

19世纪中期，在南北运河交汇处，船只带着大批货物在此地集结、倒运、休整，于是三条石地区便诞生了大量的货栈、客栈，供船家储存货物和休息。运河水运繁忙、四通八达，三条石地区的地理位置得天独厚，为船家、商客、市民服务的铁匠们也季节性地在此聚集。

每当农闲时节，河北省交河县（建制已撤销，并入今泊头市）、献县一带的铁匠们，便带着一些简单的工具来三条石一带聚集，为货栈、客栈和船家打制一些如枣核钉、船钉、扒头钉等简单的生产、生活用品。随着时间的推移和需求量的增大，这种季节性的生产已经不能满足各方需求。1860年，河北省交河县人秦玉清在此创建第一家"定居"的手工作坊——秦记铁铺，由此拉开了三条石地区民族铸铁业的序幕。

如果说漕运的繁忙使中国的民族工业在三条石地区萌动，那么清代的洋务运动，则让近代天津的工商业获得了迅速崛起的先机。

三条石地区三合铸铁厂公私合营后，产品质量大大提高（关平摄）

北洋机器局

　　秦记铁铺出现之年，正处于第二次
鸦片战争期间。英法联军的坚船利炮让
当时中国的先进知识分子们开始反思技
术上的差距。天津成为洋务运动重镇之
一，李鸿章创办的天津机器局，培养了
一批掌握机器制造技术的工人。

　　随着人员的流动，相关技术传入了
三条石地区，一批技术工人很快成为各
厂的骨干力量，为当地机器制造业的发
展提供了技术条件，可以说洋务运动促
进了三条石地区民族铸铁机器制造业的
形成和发展。

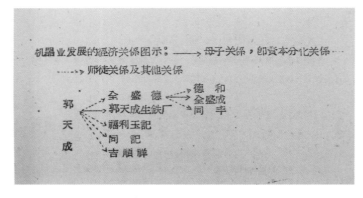

郭天成机器厂发展的经济关系图（天津市档案馆馆藏）

历史的车轮滚滚向前，三条石地区从手工作坊逐渐向真正的工厂演进，开始有了铸铁厂与机器厂的分工，并产生了在当时有一定影响力的天津制造品牌。

据有关资料显示，1900年前，三条石地区已经建成了金聚成、三合、三义永、永茂公、双聚公、华顺生、亨利等10余家铸造业工厂，成为当时远近闻名的"铁厂街"。

郭天成机器厂是三条石地区最早的一家机器厂，于1901年由北马路迁入三条石地区。在三条石历史博物馆里保存的一张"郭天成铁工厂"的织布机器宣传单上显示，其产品品牌为"鹤牌"。

三合

双聚公

金聚成

华顺生

郭天成

永茂公

三义永

亨利

福聚兴机器厂旧址（吴迪摄）

三条石地区最早的铸铁厂是 1904
年开办的永茂公，很多人熟悉的爆米
花机，当年永茂公就生产过。三条石
历史博物馆就陈列着一台爆米花机，
旁边的一台刨冰机，也有百年历史。

1904 年，天津旧城六里范围内开始通电，其中一条线路是自北门至西沽——包括三条石地区，三条石工业生产自此开启了电力驱动的时代。1912 年，华顺、春发泰、郭天成三家工厂最先使用电动马达。1916 年，三条石地区已广泛应用电力，使得工业生产在生产力的提升和产品种类的拓展上都有了质的飞跃。

　　20 世纪 30 年代，三条石地区先后拥有 300 家工厂和手工作坊，而且布局全国，分厂、分号遍及十几个省份，产品不但销售至华北各地，有的还远销到南洋群岛。当时的《大公报》这样记述："街长不过里许，街宽亦仅及丈，道路坑坎，尘土飞扬，大小铁工厂、铁铺，一家密接一家……"

　　抗日战争爆发后，三条石地区的工业开始走向衰落。中华人民共和国成立后，特别是公私合营后，政府投入资金对工厂进行技术革新和改造，三条石地区的工厂开始焕发生机。

1959 年，三条石地区准备建设中国第一家工业题材的博物馆，希望周恩来总理能题写馆名。当时天津的同志向周总理进行了汇报，对天津有着深厚情感的周总理欣然应允，在百忙之中写下了"天津红桥区三条石历史博物馆"，手迹现存放于红桥区档案馆。

三条石历史博物馆馆内现有藏品 5900 余件，其中二级藏品 5 件，三级藏品 20 件，包括"三条石地区铸铁机器业变迁史"主题陈列和"福聚兴机器厂旧址"复原陈列两大部分。"福聚兴机器厂旧址"复原陈列，是天津市唯一保留下来的反映民族机器工业诞生、发展历史的旧址。该陈列保留了前柜房、厨房、水井、锻工棚、工头住

▼

2012 年 5 月，国际博物馆日，红桥区实验小学"小记者"探访三条石历史博物馆，参观"福聚兴机器厂旧址"复原陈列，了解天津民族工业发展的历史（刘耀辉摄）

房、仓库及加工车间等，占地面积630平方米，真实反映了三条石地区当年工厂生产、生活的原貌。

斗转星移，世事变迁。有关三条石的记忆被珍藏在时间的褶皱里。如今青砖灰瓦的老厂房周边，围绕着现代化的高楼，在和煦的阳光下默默诉说着时代的变迁与发展。

比商电灯
一盏灯照亮一座城

在海河之畔的意式风情区，有一处别致的院落。这座欧式风格的建筑，始建于 1904 年，曾是比商天津电车电灯股份有限公司（下文简称比商公司）办公楼旧址，而今是天津电力科技博物馆。

▶
微山路中学的同学们参观天津电力科技博物馆
（郭斌摄）

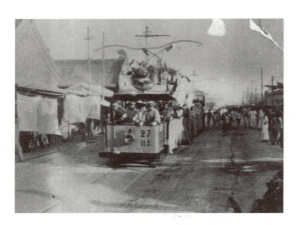

1906 年，天津最早的有轨电车（天津市档案馆馆藏）

　　当时总部设在比利时的比商公司，投资兴建了天津第一条有轨电车路线。这里曾亮起的一盏盏灯也引领了这座城市能源发展的巨大变革。

　　1888 年，天津德商世昌洋行为开办的绒毛加工厂安装了一台小型直流发电机，一度供给附近的荷兰领事馆照明，揭开了天津用电的历史，使天津成为继上海之后中国第二个开始用电的城市。

从此，天津开启了一百三十多年的电力能源发展之路。

如今，在天津电力科技博物馆一楼，仍然能看到当年比商公司留下的账本。它同陈设的各种电力"老物件"一道，诉说着过去，映照着未来。

1951年7月，河北区昆纬路一线有轨电车开通
（天津市档案馆馆藏）

1957 年 7 月，电车、汽车
行驶在和平路、赤峰道交叉路口
（于嘉祯摄）

　　20世纪初，为适应近代城市发展的需要，各项基础设施开始建设，首先是电力设施。1904年，比利时通用银行财团获准在天津专权承办经营电车电灯公司；第二年，在河北区金家窑建成了发电厂，初建发电容量为1000千瓦，是当时天津最大的发电厂。

　　比商公司为了推销电力，与清政府签订的合同中有"报效"慈禧的条款。据1904年11月6日《大公报》报道，为迎接慈禧太后的万寿，比商公司在老铁桥至贾家大桥架设电杆、线路，添设电灯，以照亮道路。这段电灯线路虽然不长，但让天津人第一次真切感受到夜如白昼的情景。

　　比商公司为推广民用电，专门成立了分销处，深入租界繁华地区的商号进行宣传，为商铺免费安装电灯，并在牌匾处装饰瓦数较高的灯泡。比商公司最初免收电表押金，电费只按灯头计算，优惠颇多。商家为此竞相安装照明设备，晚间街头灯火通明，不少市民前去看热闹，民用电照明设备也由被动安装逐渐变为竞相装设，城市由此亮起来。

　　天津的有轨电车也由比商公司所垄断。天津第一条有轨电车路线自西南角经西北角、东

北角、东南角至西南角，围城环行，俗称"白牌"的电车线路，运行初期是单行轨道，1907年建成双行轨道。1908年修建了自北大关经东北角、金汤桥至东站的"红牌"电车线路，自北大关经北门、东北角、东南角、中原公司、劝业场至老龙头火车站的"蓝牌"电车线路，自北大关经东北角、东南角、中原公司、劝业场至海关的"黄牌"电车线路。1918年修建了自劝业场至老西开的"绿牌"电车线路。1927年修建了自东北角经东门、东南角、南市、劝业场至海大道的"花牌"电车线路。

新型有轨电车开始载运乘客（毕东摄）

比商公司经营电车电灯三十多年，从天津获取的利润累计高达六千万元以上。

历经百年，天津的城市电力运营发生了翻天覆地的变化。

20 世纪 70 年代，天津相继建成了 110 千伏环网，以及老君堂—白庙 220 千伏线路，实现了天津 220 千伏电网与华北电网互联，天津电网建设逐渐进入快车道。

近年来，天津电网加速向智能电网迈进。2011 年，天津首座智能变电站——110 千伏和畅路站投入运营，中新天津生态城智能电网综合示范工程正式启用。智慧路灯、

光伏路面、智慧公交车站、光伏座椅、无线充电汽车、智能垃圾桶将遍布城市的每一个角落。

2008年，比商公司办公楼旧址经整修恢复旧貌，被辟为天津电力科技博物馆，2013年1月被评定为天津市文物保护单位。天津电力科技博物馆建筑面积达

和平区南营门街文化村社区的路灯改造施工，社区内30盏路灯的灯具由原来高耗能的汞光源更换为节能高效的LED灯具。改造后，监控后台能够实时监测每一盏路灯运行状态，并实现精准控制，一旦运行数据异常，后台会收到故障信息并及时处理，方便居民夜间出行（张磊摄）

新一代智能化无人驾驶B型地铁列车在天津中车唐车轨道车辆有限公司试运行，该列车具有轻量化、低噪音、低能耗、智能化等特点，引领了未来轨道车辆的发展方向，部分研究成果在天津地铁4号线开展正线应用，提升既有线路自动化水平，助力天津轨道交通加速进入无人驾驶时代（张磊摄）

三千多平方米，设置 VR（虚拟现实）、AR（增强现实）、全息投影、标签识别等四十多项科普互动项目、陈列一百多件电力老物件，展示了世界电力发展史和天津百年电力文化。

从第一盏电灯的点亮，到现在利用互联网支撑城市的能源变革，经过一百多年的发展历程，天津电力正运用现代话语，讲述着新时代的精彩故事。

▼
天津清源电动车辆公司内的示范工程
利用风能和太阳能为汽车无线充电（姜宝成摄）

▶
天津海河教育园区智能网联公交开放体验
（姜宝成摄）

大沽船坞

培养第一代修造船工人

北洋水师大沽船坞遗址（张建摄）

　　与大沽口炮台相隔 1.5 千米，海河南岸，是北洋水师大沽船坞遗址。

　　1880 年，直隶总督兼北洋大臣李鸿章在大沽筹建北洋水师。为使日益增多的北洋水师舰船能够就近修理，李鸿章奏请光绪皇帝，获准在大沽海神庙周围建起一座船坞，命名为"北洋水师大沽船坞"，也称"海神庙船坞"。

在震惊中外的甲午海战期间，大沽船坞不仅承修损坏的部分舰船，还赶制军火，与北洋水师爱国将士一起，为抗击外来侵略、捍卫民族尊严做出了不可磨灭的贡献。它是继福州马尾造船厂、上海江南船坞后中国第三所近代造船所，也是中国北方近代工业文明的发祥地，这里培养了北方第一代修造船工人。

大沽船坞占地110亩，最初厂房设备十分简陋，仅有席棚3座、活动机房8部，后来从国外购进一些设备，逐渐形成一定规模。1885年，船坞有了打铁厂、锅炉厂、铸铁厂、模件厂，而且建立了甲、乙、丙、丁、戊、己六个坞。这时的大沽船坞不仅修船，而且可以自行造船，1882年至1890年建造鱼雷艇、挖泥船等共15艘。

北洋水师学堂（天津市档案馆馆藏）

从1884年起，大沽船坞还承修海防工程，一如修理大沽海口各营雷电炮械及电灯，承造炮台炮洞、铁门等。1891年，大沽船坞除修船外还开始制造枪炮、水雷等，实际上又成了一座工厂。1900年，八国联军入侵大沽口，大沽船坞被沙俄霸占，正在维修的四艘鱼雷艇也被掠走。沙俄对船坞进行了大规模的掠夺和破坏，后经清政府多次交涉，1902年沙俄才将大沽船坞交还中国。1913年，大沽船坞划归北洋政府海军部管辖，改名为"海军部大沽造船所"，1913年至1923年共造船21艘，修船200多艘。

　　轮机车间是大沽船坞遗址保存下来的唯一一座原厂房建筑。20世纪70年代，轮机车间停用，遗存至今。车间砖木结构，溜肩形高封山墙，屋顶呈双脊形，铺灰色泥质瓦。建筑开间19.77米，进深14间，长55.26米。1976年唐山大地震中，部分墙体倒塌，更换为红砖，现在建筑内墙还保留着原有的青砖。

大沽船厂现仍在使用的船坞（张建摄）

2000年10月，北洋水师大沽船坞遗址纪念馆正式落成，占地面积1200平方米。其中，前厅200平方米，展厅600平方米，实物展区200平方米。展览分为"北洋水师大沽船坞的建立""大沽船坞不可磨灭的贡献""大沽船坞的艰辛与曲折""大沽船坞的新生与发展"等，讲述大沽船坞在历史上的重要作用和120年来的发展，同时还收集展示了建立初期从国外进口的机床等文物，展现出百年船坞的原始风貌。

历史，被留在了教科书里。穿越百年的时光，这座工业遗址建筑群以崭新的姿态矗立在这里，向人们默默讲述着一座船厂的传奇。大沽船坞见证了中华民族抵御外辱、保家卫国的烽火岁月，也见证了天津近代工业的发展，激励吾辈更当自强！

原北洋水师大沽船坞甲坞

新河材料厂
中国铁路第一个专用材料厂

在塘沽火车站南侧海河沿岸一带，有一个看似不起眼的地方，却是中国铁路行业的第一个专用材料厂。作为洋务运动留在塘沽的印记之一，新河材料厂见证了中国近代铁路事业的成长与发展。

1885年8月，直隶总督兼北洋大臣李鸿章奏请清政府成立了中国第一家铁路公司——开平铁路公司，这是中国铁路独立经营的开始。次年，开平铁路公司改称"中国铁路公司"，由开平矿务局收购唐胥铁路，并将铁路延伸至北塘河口的阎庄。1887年，又继续修筑至芦台和天津的铁路。

当时自国外购置的修筑铁路的材料大都依靠船舶运输，铁路公司便在塘沽南站附近海河边设立了中国铁路第一材料处，以方便卸运和堆放铁路材料。材料处由英国人管理，专门办理筑路材料的采购、检验、储运和供应等事宜，建有码头和货场。

后来，材料处已经无法满足进口业务的需求，铁路公司在新河庄临近海河的地方购买了大量荒地，把材料处迁了过来，并且改名为新河材料厂，作为铁路建材的存放地。

　　新河材料厂修建了 11 条专用铁路线，总长度近 4 千米，并在海河边建造了一个能停靠 2000 吨船舶的码头，码头与厂内专用线相接，因此材料厂交通极为便利，不仅在当时成为洋务运动的重要窗口，还是后来各个时期铁路材料存放与运输的集散地。

1888 年，塘沽火车站（天津图书馆馆藏）

1912 年，新河材料厂直属京奉铁路局管辖。1937 年 8 月，新河材料厂被日本侵略者占领，成为日军接运侵华军用物资、掠夺我国宝贵资源的战备转运站。1945 年，抗战胜利后，新河材料厂成为国民党政府交通部铁路材料的储存基地。

1949 年，中央人民政府接管天津材料储运处，改制为铁道部材料局天津材料厂，是铁道部在华北地区的物资储运基地之一。20 世纪 80 年代后期，该厂的进口物资吞吐量曾高达 35 万吨。

如今材料厂的这些建筑大部分已被拆除，仅存原码头遗留的木桩百余根，沿海河呈东西方向排列。为保存百年工业的历史风貌，就地修建了塘沽材料厂老码头遗址公园，一座"老码头"铁锚纪念雕塑向人们诉说着过往的历史。

西沽机厂
工运星空的一盏灯火

西沽机厂旧址（张建摄）

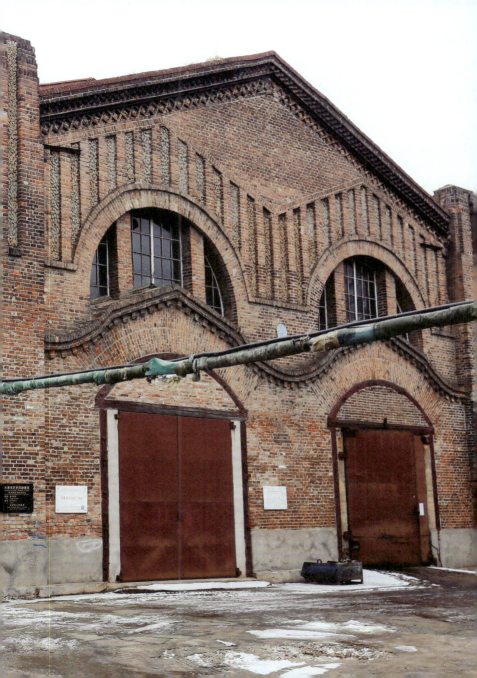

西沽机厂旧址主入口（张建摄）

建于 1910 年的老水塔（张建摄）

　　河北区新开河北岸南口路 22 号，曾是一家赫赫有名的百年老厂——天津中车机辆装备有限公司。2021 年初，公司正式搬迁，车间一点点腾空，偌大的厂区慢慢安静下来。参天的古树、斑驳的墙壁、寂寞的水塔，仿佛在默默诉说着一段难以忘怀的历史。

　　1907 年，北洋大臣袁世凯和南洋大臣张之洞共同筹办津浦铁路，铁路由天津直通南京浦口，即现在京沪铁路的前身。1908年3月，津浦线北段开工。天津的起始站设在赵家场，即今天的天津西站。为了和京奉铁路总站连通，又从西站修了一条延长线，并在新开河北岸设置一座小站，名为"西沽小站"，由此形成了一片三角地。

在这块三角地上，1909年建成了西沽机厂，用于维修铁路机车及设备。这座工厂由德国人设计建造，厂长也由德国人巴维尔担任。由于设备先进，西沽机厂很快成为中国第一火车修理厂。当时在中国铁轨上运行的80%的火车都要到这里来维修。由于背靠津浦线，位于津浦路上，它被称为"津浦路西沽机厂"，别称"津浦大厂"。

天津西站旧楼（杨新生摄）

西沽机厂徽章（张建摄）

五四运动之后，群众性的反帝爱国热情持续高涨，铁路工人最早接受了马克思主义教育。那时候，工人们每天工作十几个小时，可工资却只发放七八成。

哪里有压迫，哪里就有反抗。1921年初，北京共产主义小组到西沽机厂宣传马列主义，介绍北京长辛店劳动补习学校活动情况，号召工人组织起来，为自身解放而斗争。共产主义的思想像种子一样被播撒在这片土地上，并且很快生根、发芽、成长。

1922年，在中国劳动组合书记部天津支部的关怀下，西沽机厂工会诞生了。同年8月，西沽机厂工人声援长辛店铁路工人大罢工；1923年2月4日，京汉铁路全线工人举行总罢工，得到天津铁路工人的积极响应，西沽机厂工人罢工三天以示声援。"二七惨案"发生后，天津工人和各界群众纷纷集会，声讨军阀吴佩孚的罪行，抨击北洋军阀的反动统治。

1937年，天津沦陷后，日本侵略军接管西沽机厂，改称"天津铁道工厂"，又修建了南仓车站和西沽货场。这一时期，机厂内逐渐开始修理坦克等军用机械设备。

中华人民共和国成立后，西沽机厂迅速恢复生产。"一五"时期更名为"第一机械工业部天津工厂"，后来更名"铁道部天津机车车辆机械工厂"。

1954年，西沽机厂从单纯修车转为生产机车配件，尤其是火车使用的大型弹簧，这一产品几乎装配了全国所有机车，所以天津人又习惯称它为"弹簧厂"。1958年，工厂扩建，新厂区位于津浦线西侧，总规模扩大了一倍。20世纪七八十年代，职工总数达到5000人，并配建有

弹簧车间（张建摄）

家属院——十三号大院。20世纪90年代企业改制，西沽机厂被天津中车机辆装备有限公司收购。

值得一提的是，工厂搬迁之前有不少老建筑被完好地保留了下来，其中一座哥特风格的厂房尤为亮眼：全部用红砖建造，是建厂之初的原始建筑，百年前铁路上的蒸汽机车车头就是在这里维修的。

作为生产制造弹簧的场所，这座厂房一直用到搬迁。2008年，这座建筑被评定为天津市文物保护单位和历史风貌建筑。

脚踩这片土地，深感历史的沧桑，回望历史，仿佛一百年前在这里发生的往事再次扑面而来。

百年企业的新生

02

纱厂

百年前就是"时代弄潮儿"

　　坐落于棉三创意街区的海河美术馆于 2021 年底正式对外开放，首展主题是"当代及未来"。当具有百年历史的民国工业建筑群，与一幅幅当代绘画、雕塑、影像艺术的最新思潮相碰撞，一种独特的气质和美感在海河岸边蔓延开来。

棉三创意街区（张磊摄）

华新纱厂初建时外景

很多艺术家、创业者来到棉三创意街区，都会不约而同地被这片包豪斯风格的建筑迷住，厚重斑驳的砖墙充满了岁月的沧桑感。

在棉三创意街区，他们正在这片颇具历史感的土地上，做着最新潮、最前卫的事儿！

撩开历史的帷幔，拂去岁月的尘埃，百余年前的此地，同样是引领时代潮流之地，这里集合了影响天津工业发展的两大纱厂。

20 世纪初，天津成为清政府推行"新政"的试验基地，兴办实业的浪潮风起云涌。1919 年，被誉为近代民族工业创始人之一的周学熙在天津创办华新纱厂，为华北纺织业奠定了基础。1920年，在海河东岸的郑庄子，裕大纱厂、宝成纱厂相继创办。

　　裕大纱厂的创办人是陈承修，股东是有一定政治背景的金融界人士、军政要人及社会名流，如中国银行总裁冯耿光、盐业银行总经理吴鼎昌、北洋政府财政总长王克敏和著名京剧演员梅兰芳等，资本总额达 134 万元。

华新纱厂粗纱车间

在筹建阶段，裕大纱厂就走在了潮流的前沿，邀请当时国内著名的建筑大师庄俊设计。庄俊是第二批庚款留学生，也是中国第一位获得建筑工程学位和第一位获得建筑师职业资格的人。他回国后，在清华大学任职，配合美国建筑师亨利·墨菲做清华校区规划，并接受了裕大纱厂、天津扶轮中学和唐山交通大学（前身为唐山路矿学堂）的校舍设计。天津的这两处建筑，是庄俊的早期作品。

裕大纱厂的建筑兼具西方与东方的艺术风格。车间是砖红色的锯齿形屋顶，北侧起脊开窗，一天当中不会有阳光直射。巧妙的设计，便于工人织布纺纱。

建于 1920 年的裕大纱厂公事房大楼

宝成纱厂创办人的是刘伯森，第一任经理吴敬仪，工厂资本总额 300 万元。刘伯森在沪建有宝成第一、第二纱厂，在天津建立的纱厂与沪厂统排，称"宝成第三纱厂"。

截至 1921 年，包括裕大和宝成在内，天津机械化程度最高的六大纺纱厂相继建成，新型机器织布工厂布局形成。海河两岸成为纺织工业的聚集地。1912 年至 1928 年，天津纺织厂已达 1407 家，总资本额为 2600 万元，占当时天津民族工业资本额的 30%。

▶

1977 年，天津市色织十厂工人学习大庆革命精神大练操作基本功，不断提高产品质量（陈则云摄）

1925年至1936年，裕大纱厂、宝成纱厂相继被日本占有。1925年，五卅运动的浪潮席卷中华大地，天津各界成立联合会，各业工人运动风起云涌，纺织工会在中共天津地委职工运动委员会领导下，发动纺织工人多次参加反帝示威活动，把运动推向了高潮。

斗争最先从宝成纱厂开始。1925年5月至8月，宝成纱厂连续发动3次罢工运动，均取得了胜利。在"闹宝成"斗争的基础上，8月，裕大纱厂爆发天津工运动史上著名的"砸裕大"斗争，反抗日本资本家的控制，声震全国。20世纪二三十年代，这里是中国共产党在天津组织工人运动的工作站，邓颖超、彭真等都曾在这里留下革命足迹。

1930年2月，时任宝成纱厂经理的吴敬仪推行8小时工作制，早中夜三班倒，《大公报》称其"实开中国劳动界之创例"。

　　1950年，宝成纱厂和裕大纱厂合并，更名为天津市第三棉纺厂，成为天津纺织行业的骄傲。在第一个五年计划期间，天津市纺织业完成对民族资本主义工商业的社会主义改造，积极采用当时最先进的生产技术，形成了由棉纺、印染、色织、织布、毛纺、丝绸、针织、日用棉织、器材等行业组成的比较完整的产业体系，并积极响应国家支援纺织业建设的号召，派出技术人员和工人支援其他地区的重点项目建设。

　　不得不说，在天津工业发展史上，纺织业写下了浓墨重彩的一笔。20世纪七八十年代，天津从事纺织业的人口约30万人。当时全国纺织工业有"上青天"的说法，指的是上海、青岛、天津这三大城市。

1954 年 3 月，天津北洋纱厂工人在新细纱机生产时情形（马英摄）

　　进入 21 世纪，随着天津市整体规划和工业结构调整，第三棉纺厂于 2007 年进行了整体搬迁，原厂房、仓库进行了改造。

　　2015 年，棉三创意街区对外开放。昔日的棉纺厂被崭新的创意园区环抱，那些厚重的砖墙、林立的管道、斑驳的地面被保留了下来，当年的发电厂、仓库、厂房等老建筑等也都被保留了下来，整个空间充满了工业文明时代的沧桑韵味，同时又植入了文化创意的元素，更加注重建筑空间的艺术性。比如，纱厂的仓库，按照修旧如旧的原则，把每块砖都编好号，再重新修复加固，基本还原了历史风貌。现在，棉三创意街区共有 6.1 万平方米老旧工业建筑，是天津保留下来的最完整的一片民国工业遗址建筑，这片建筑也被列入第四批国家级工业遗产项目。

纺织技术员试验麻线水分测定器成功（马英摄）

在开放的几年时间里，棉三创意街区以每周一场活动的频次，举办了数百场文化、艺术交流活动。通过保护性的开发建设，这里成为天津首个集创意设计、新媒体服务、商务咨询、艺术展示、文化休闲、人才培训于一体的新型创意产业综合体项目，成为开展各种文化、艺术活动的新场所。

作为城市记忆的标签，天津纺织业几经沉浮，走过了一条不平凡的转型发展之路，搬迁到空港经济区高新纺织工业园的天津纺织集团又有了新的发展——制造业占比下降，内外贸物流板块与现代服务业成为企业发展的重要支柱。

比如隶属于集团现代服务业板块的天纺标检测认证股份有限公司，成立于2014年，2017年成功登陆新三板，成长为国内专精特检测机构；2020年，第一时间扛起口罩防护服检测主力军责任，抢购设备、新建实验室、落实新标准，经过多次评审扩项，在短时间内成为国内为数不多的具备CNAS（中国合格评定国家认可委员会）资质的国际互认全项检测机构，占有全市90%的口罩防护服生产企业检测市场。

如今天津纺织集团正致力打造"价值高端化、体量轻型化、生产清洁化"的现代纺织科创集团，通过优化资源配置、深化组织变革、健全内控体系、创新运营机制，逐步形成以"内外贸物流为核心、高端制造为支撑、资产经营为抓手、现代服务为引领、园区调整转型为驱动"的"五大板块"战略发展格局，重振天津纺织业的历史雄风。

永利化工
为解决"卡脖子"困境而生

近代天津一直处于全国工业发展的前列，对于可用于工业生产的"洋碱"需求日益增加。由于制碱工艺十分复杂，整个中国乃至整个亚洲都没有一座真正意义上的碱厂。20世纪初，碱是工业之母，突破不了纯碱制造技术，我国工业发展就面临"卡脖子"的困境。

位于天津港保税区的渤化永利化工股份有限公司（王涛摄）

"中国人一定要有自己的纯碱工业，绝不能让洋碱控制我们的国计民生。"这一振聋发聩的呼喊来自百年前爱国实业家范旭东。正是这个声音，催生了近代中国制碱业的发展。

退海之地，拥有大片的盐碱滩，吸引着留学归来的范旭东在此扎根。他在塘沽创办了中国第一家制精盐的久大精盐公司，于1961年产出精盐，结束了中国人几千年来吃粗盐的历史，为中国制碱工业的发展奠定了基础。

有了盐还要有碱，"制碱梦"一直在范旭东的心头萦绕。1917 年，凭借一张碱厂图纸和一套东拼西凑的设备，范旭东酝酿创办碱厂。1918 年，永利制碱公司在天津创立。1920 年，永利碱厂在塘沽建成。1921 年，著名化工专家、留美博士侯德榜受聘于该公司，与范旭东携手开启了中国近代制碱工业的光辉历史。

1922 年，一向笃信科学的范旭东又成立了黄海化学工业研究社，至此由永利碱厂、久大精盐厂、黄海化学工业研究社组成的化学工业团体"永久黄"正式形成，为中国工业种下一粒科学的种子。

没有任何可以借鉴的经验，永利制碱遇到了重重困难，侯德榜和同事们反复探索，总结出各操作环节中的适宜条件，亲自设计、研发了回转式煅烧炉，大大提升了试验的精准度。

功夫不负有心人。1926 年 6 月 29 日，雪白的纯碱在永利碱厂试制成功，品质、品相与洋碱等同，碳酸钠含量达到了 99% 以上。当时正逢碱厂十周年厂庆，中国基本化工长出了第一双"翅膀"。

永利化学工业公司红三角牌商标
（天津市档案馆馆藏）

　　永利碱厂生产的纯碱注册商标为"红三角"牌。
1926年，在美国费城召开的第16届万国博览会上，"红
三角"牌纯碱斩获金奖，被评委誉为"中国工业进步
的象征"。此后，"红三角"牌纯碱应邀参加了瑞士
国际商品展览会，并再度荣获金奖。1930年，在比
利时工商博览会上，"红三角"牌纯碱战胜了其他展
品，再获金奖……"红三角"牌纯碱的问世标志着中
国制碱工业已达到世界先进水平。

久大精盐厂（天津市档案馆馆藏）

　　剖析"永久黄"的巨大成功，非常重要的一个原因来自范旭东亲自提炼制定的"永久黄"团体的"四大信条"——我们在原则上绝对地相信科学，我们在事业上积极地发展实业，我们在行动上宁愿牺牲个人顾全团体，我们在精神上以能服务社会为最大光荣。这"四大信条"全面、精辟地概括了"永久黄"团体在长期实践中形成的思想、观念、作风、道德规范和行为准则，成为"永久黄"同人共同的价值观念和信念标准，被后人誉为"中国企业精神的鼻祖"。

范旭东和同时代的"永久黄"同人，毕生都在用行动践行这"四大信条"。抗日战争期间，塘沽沦陷，侵华日军几次找到范旭东，要求与永利碱厂"合作"办厂，范旭东都断然拒绝。怀着满腔悲愤，他辗转祖国西南大后方重建民族化工基地。

与此同时，侯德榜率有关人员潜心研究，在艰苦卓绝的抗战时期，"永久黄"有了一项令世界轰动的发明。1941年，"联合制碱法"

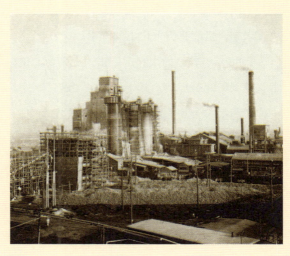

1955年，"永利"和"久大"两厂合井
图为永利久大沽厂的扩建工程正在紧张进行（关平摄）

横空出世，为表彰侯德榜研究新法制碱的功绩，范旭东将"联合制碱法"命名为"侯氏制碱法"。"侯氏制碱法"不仅打破了西方对制碱工艺长达70年的垄断，更将中国乃至世界制碱的技术水平推向了一个新高度。

中华人民共和国成立后，中央工商行政管理局将第一号发明证书颁给了"侯氏制碱法"。为推动中国化工业发展，永利将"侯氏制碱法"无偿提供给全国同行和技术人才使用。

从盐厂到碱厂，从碱厂到研究社，"永久黄"一次次推进前无古人的事业，不畏艰难，放眼未来，挺起我国重化工的脊梁。

1968年，曾经的永利碱厂正式更名为"化学工业部天津碱厂"，几十年来，"碱厂"这一称呼为很多天津人所熟知。2013年12月31日，天津碱厂再次更名，"永利"二字重新出现在公司的全称中—天津渤化永利化工股份有限公司，百年前"永久黄"为中国民族化工开疆拓土的宝贵精神，仍在激励新一代永利人奋发进取、开拓创新，书写着实业报国的新篇章。

永利久大沽厂重碱车间出碱口，工人正在取样化验（关平摄）

　　如今"永利"瞄准绿色化工，实施煤改燃、光伏发电、蒸汽综合利用等绿色能源替代项目。2022年，又有一批新的技术人员加入永利化工，新鲜血液的注入使百年化工企业永葆青春。

长芦汉沽盐场
千年盐场讲述新故事

从市区出发，沿津宁高速一路向东，一小时后，展现在眼前的是一片一望无际的滩涂。在阳光的照射下，呈现出深红、浅红、红褐、咖啡等无数种美丽的颜色，很难想象，这片鬼斧神工的调色盘，来自我们每天都离不开的盐的母体——结晶池。

长芦汉沽盐场七彩盐田（吴迪摄）

这片结晶池隶属于长芦汉沽盐场。在古代天津"盐铁经济"历史中，海盐提炼与漕运并驾齐驱，长芦汉沽盐场是农耕文明保留下来的"大型海水露天采矿遗迹"，堪称海洋产业"活化石"。

收获海盐（张建摄）

　　自古以来，这里就是制盐重地，又因为此处岸边多生芦苇，所以以"芦"为名，史称"芦台场"。追溯历史，在后唐时期，汉沽盐场就已经正式形成生产建制，当时在芦台南部设场煮盐，这里无论是地理条件，还是气候条件，都是极佳的开滩晒盐之地。由于所产海盐肌理如玉、晶莹如雪，原盐品质纯正、独具鲜咸口味，自明嘉靖年间开始，就被列为贡盐。更有诗云："莫谓盐滩土质差，不生五谷不生花。须知贵与蓝田等，种水能收白玉砂。"此处每到春秋两季，方方盐池洁白若雪，座座盐山蔚为壮观。

　　我国最古老的制盐方法由煮海发端。千百年来，芦台场这片土地上的人们在不断地创新与发展。人口日益增多，而煮盐产量极低，已经无法满足人们的需求。自清康熙初年起，这里的人们将最原始的锅煎成盐改为滩涂晒盐。1932年，开滩达到高峰，总面积达到1.2万平方米。

经过日晒、风吹，海水自然蒸发，再加上人为参与，经过一年时间的积淀与升华，人们收获了晶莹洁白的"百味之王"海盐。

滩晒法使海盐产量大为增加，成为我国海盐生产的重要转折。时至今日，"迎风制卤、卤克卤、不走回头卤、冰上抽咸、盐上生盐、夏晒冬修"等传统工艺依然为盐工所遵循。

在历史的发展过程中，盐业发挥了不可忽视的作用。回望历史，芦台场在天津经济、教育、文化等领域可谓功不可没，例如注资兴建了天津南开中学教学楼，耗资120万元建成盐业银行。

长芦汉沽盐场开始春季扒盐 （张磊摄）

斗转星移，沧海桑田。千年之后的今天，这里依然生产着被誉为"芦台玉砂"的海盐，曾经的芦台场已是中国盐业的佼佼者——天津长芦汉沽盐场有限责任公司。

翻阅历史的相册，长芦汉沽盐场早在 20 世纪 50 年代就开始了综合利用海水的尝试，并从此结束了盐业生产单一产品的局面，向多品种生产迈出了坚实的一步。20 世纪 60 年代中期，为了改进"老、短、浅"的制盐生产工艺，长芦汉沽盐场启动大型集中式盐田的试验工程，推广"新、长、深"制盐生产新工艺和机械化收盐等新的原盐生产方式，使广大盐工彻底摆脱了历史上制盐生产的"三大愁"——扒盐、抬盐、拉大砖。

长芦汉沽盐场的机械化作业（张建摄）

　　1976年，因唐山大地震，长芦汉沽盐场受损的生产面积达57%、受损的生产设施达37%。在艰难困苦中，盐场广大职工在生产自救的过程中完成了一项重大革新——加快盐田结构调整，实现了收盐机械化、生产工艺科学化、滩田结构合理化，以及集中纳潮、集中制卤、集中结晶、集中集坨的"三化四集中"，它标志着企业从旧式生产方式向现代化生产方式转型成功。

　　改革开放之后，长芦汉沽盐场取得了突飞猛进的发展。自主研发15万吨饱和卤水真空精制海盐项目，采用滩田饱和卤水直接进蒸发罐的真空制盐工艺，改变"化盐法"制盐传统方式；投资1亿元上马四溴双酚A项目，实现从传统制盐和卤水化工向精细化工的转型；建成浓海水提取工业溴项目，溴素年产量达到7000吨以上；投资4000余万元入股国家循环经济试点单位北疆发电厂，接收电厂海水淡化后的浓盐水制盐，既节省了滩晒面积，有利于原盐高产，又使海水得到综合利用……

一批又一批新工艺、新设备使长芦汉沽盐场精盐品质进一步提升，生产结构趋向合理，产能进一步扩大，实现了多元发展，盐场的有效单产在全国海盐行业中名列前茅。

长芦汉沽盐场是国家商务部认定的首批"中华老字号"中唯一的盐企，"芦花"商标是食用盐行业中唯一的"中国驰名商标",汉沽制盐传统技艺被列入滨海新区非物质文化遗产名录,"芦花"牌海盐获得生态原产地产品保护证书。

2017年盐业体制改革,允许生产企业进入流通和销售领域。长芦汉沽盐场从面对批发企业到直接面对消费者,除了采取开拓电商渠道、进行广告宣传等常规手段外,还以创新思维打开头脑中的"津门"——通过社交媒体裂变宣传,将七彩盐田打造成网红打卡地,带动盐业旅游。以盐业旅游宣传长芦盐文化历史,让游客了解"芦花牌"食用盐,打响品牌知名度。

以融合促创新,以创新促变革,以产业促发展,有着千年传承的长芦汉沽盐场,正讲述着新故事,不断精进。

灯塔油漆
为大国重器做"嫁衣"

2022 年 6 月 5 日 10 时 44 分，"神舟十四号"载人飞船成功升空，它的终点站是天宫空间站。为火箭发动机提供外部涂层保护的是灯塔油漆，这层薄薄的涂料需要经受 −180℃ 至 500℃ 高低温环境的考验，不仅为发动机外表面提供坚实的防护，同时为空间站舱内电机及电器线圈提供绝缘保护。

这一刻，距离永明漆厂的创办已经过去了近百年。

谁也不会想到，1929 年诞生于天津小王庄的永明漆厂——那个只有 9 间屋子、10 名员工、几口大锅的"草台班子"，最终成长为近代中国化工涂料的支柱。

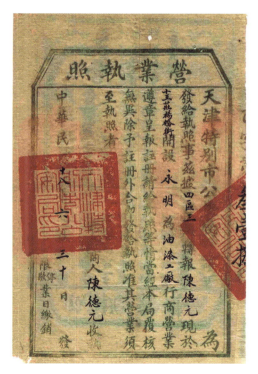

1929 年 6 月永明漆厂获得营业执照

永明油漆工业公司的职工正讨论 1955 年 1 月份生产计划（关平摄）

　　这家漆厂的创始人是化学硕士陈调甫。1917 年冬，陈调甫从家乡苏州出发，北上塘沽与范旭东合作创办中国第一家碱厂。10 年间，陈调甫为中国制碱业做出了重大贡献，与此同时，他苦心钻研有机化学，对我国桐油、大漆两项特产颇有研究，著有《国宝大漆》一书。当时，中国市场上充斥着外国品牌的油漆，西方列强从中国进口桐油，制成油漆后又向中国倾销，获取丰厚利润，这让陈调甫十分痛心。

1929 年 5 月，永明漆厂在鞭炮声中开工了。为了招到最优秀的人才，陈调甫奔走于北平、天津各院校之间，招聘有志投身油漆工业的化学学士。为了综合考核学生的基础理论知识、专业设计水平、实际操作能力及外语程度，他请大家做一个化学试验，自行设计实验方法，自行操作，得出结果后，用英文写出实验报告。

陈调甫取消了当时最常见的工头制度，选出技术人员当车间领导，技术人员的工资是普通工人的十到二十倍。而当时社会上盛传，这家公司有两个"20％"与众不同。一是每年从工厂利润中提取 20％作为教育基金，培训职工。另外还有"20％"作为科研经费，促进新产品的开发研制工作。

对待员工，陈调甫要求他们努力学习技术，并亲自为员工上课。他鼓励员工，有条件去外面深造的，由他提供学费。他制定了三字厂训："做、学、教"——"你进厂来就要做事，当做到不会的时候，就要学，学会以后就要教给后来人。"

为了研制新品，陈调甫瞄准了美国产品。当时国内市场上最畅销的是美国的酚醛清漆，这种漆的优点是光泽好、硬度强，但缺点是耐热性不好。针对这一情况，经过三年数百次试验，公司终于研制出新产品，新产品保留了酚醛清漆的优点，利用国产桐油进行改良，增强了漆的耐热性。这种清漆经水煮10分钟也不会变色脱落，且价格大大低于进口同类产品。

永明漆质量好、成本低，大大优于美国同类产品。永明漆厂以较为高档的涂料取代了建厂初期的低档漆，很快在市场上站稳了脚跟。

"灯塔"牌油漆（张磊摄）

　　由于永明漆厂高度重视科研，很快又试制成功了一种新产品，选定"鹤牌"作为商标，意为"鹤立鸡群"，表达了永明漆战胜日本漆的决心。果然，"鹤牌"磁漆上市销售后，很快占领了市场，使日本磁漆的销量大减。

　　由于永明漆对日本漆构成了威胁，抗日战争期间，日本人反复到漆厂找麻烦。大家劝陈调甫到香港躲一躲。陈调甫临走时嘱咐副厂长："宁可永明不复存在，也不要为日本人生产一罐油漆。"

2014 年 12 月，天津航天长征火箭制造有限公司车间内，长征五号和长征七号运载火箭研制工作接近尾声，灯塔涂料为大国重器提供坚实防护（张磊摄）

　　然而陈调甫并没有去香港，他回到了上海，一边在家中潜心研究油漆生产，一边召集了十几个青年人在家中学习和研究化学，由他亲自授课，每天2小时。他对学生们说："日本人毁了我们的碱厂、酸厂、漆厂，但他们杀不完中国人，中国的工厂还是会办起来的！你们要认真学习，多办工厂。我相信，总有一天，无数的碱厂、酸厂、漆厂会矗立在中国的大地上！"

陈调甫一天都没有放松自己的研究工作。1945年，他终于研制出一种醇酸树脂漆，这是我国合成树脂漆的第一代品种，是我国涂料工业发展史上一座光辉的里程碑，然而，在当时的条件下，却无法投入生产。直到抗战胜利后，这种漆才在恢复后的永明漆厂投产成功。陈调甫为它取了一个响亮的品牌名——"灯塔"。这是中国油漆工业又一个超越西方的名牌产品。

中华人民共和国成立后，陈调甫振兴中国化学工业的愿望，才真正得以实现。他确定的以技术取胜发展高档油漆的方向，成为灯塔涂料半个多世纪以来闯过风浪险滩的"灯塔"。

北辰区南仓道朝阳路东的一处院落，是灯塔涂料用了六十余年的厂址。这里见证了灯塔涂料一次又一次的辉煌——我国第一架飞机、第一辆红旗牌轿车、第一辆解放牌汽车、第一台拖拉机、南京长江大桥、第一颗人造地球卫星、第一枚"长二捆"运载火箭，使用的均是灯塔涂料。1978年至1988年，灯塔涂料投产新品种达70余个，屡获国家级、省部级奖项。1994年，企业技术中心被评为全国涂料行业第一家国家级技术中心。

1997 年，"灯塔"成为"中国驰名商标"。2011 年，"灯塔"荣获"中华老字号"称号，是全国涂料行业第一家"中华老字号"。

和很多老字号企业一样，灯塔涂料也经历过发展的低谷，但每次都能总结教训，借鉴前人的经验重新找到企业的发展方向。灯塔涂料把为国之重器做"嫁衣"作为自己的使命和目标，为"神舟"系列载人航天飞船、"嫦娥"绕月卫星、"天宫"载人空间站、"长征"运载火箭，都"穿"上了专业涂料配套"外衣"。灯塔涂料建立了中国涂料科学研究院航空航天特种涂料研究中心、天津市航空航天特种涂料企业重点实验室，为我国的航空航天事业做出了卓越贡献。

大国重器之打造

03

国家超级计算天津中心

世界巅峰的"超算"故事

2010 年 11 月 16 日，在美国路易斯安那州新奥尔良市举办的世界超级计算大会上，"天河一号"超级计算机以计算峰值 4700 万亿次，勇夺国际排名第一。

与此同时，在大洋彼岸的中国天津，位于滨海新区的国家超级计算天津中心沸腾了。机房里 140 个黑色的计算机柜发出低沉的"嗡嗡"声，密密麻麻的指示灯不间断闪烁。

天河
天河高性能计算机系统
TH High Performance Computer System
天河

"天河一号"超级计算机

国家超级计算天津中心外景

这是我国自主研制的千万亿次超级计算机——"天河一号"。世界的目光聚集于此，历史记录下了这一荣耀时刻。

中国超级计算机从无到有，从跟跑到领跑，从望人项背到站在世界之巅，这一艰难而伟大的征程，中国科学家走了三十年。

三十年时光，征途漫漫。

20 世纪 70 年代，我国还没有自己的超级计算机，甚至连超级计算机的架构、操作系统等都没有入门。矿藏、石油的重要数据，要么送到国外去处理，不免被国外专家掌握，要么从国外买进巨型机，接受国外的苛刻条件。

"中国人要搞四个现代化，不能没有巨型机。"1978年，邓小平同志在全国科技大会上的讲话记忆犹新。

当时我国工业基础薄弱，超级计算相关领域研究几乎为空白，要在没有路的地方闯出一条路，谈何容易！负责超级计算机研制的国防科技大学的科研人员们胸怀祖国、不畏艰难、勇于创新，终于在1983年成功研制出每秒运算一亿次以上的"银河–Ⅰ"巨型计算机，中国从此跻身能够研制亿次巨型计算机的行列。

随后的十年，国防科技大学又接连成功研制"银河–Ⅱ""银河–Ⅲ"巨型计算机，性能持续大幅提升。

追赶不易，引领更难，中国人不可能永远跟在西方发达国家后面亦步亦趋。2008年，国防科技大学和天津正式启动国家超级计算天津中心建设，联合承担"千万亿次高效能计算系统"的研制。

2009年5月，国家批准成立的首家国家级超级计算中心在天津滨海新区正式落成。

我国首台千万亿次超级计算机"天河一号"在天津建成（付桂钢摄）

　　2009 年 10 月，我国首台千万亿次超级计算机宣告诞生，命名为"天河"。我国自主研制超级计算机实现了从百万亿次到千万亿次的跨越，成为继美国之后第二个能够研制千万亿次超级计算机的国家。

　　2010 年夏，"天河一号"超级计算机开始在滨海新区安装部署。

　　提到"天河一号"，不得不提到一个年轻人，他就是孟祥飞。2009 年，30 岁的孟祥飞从美国学成归国，带着强烈的科技报国情怀，加入国家超级计算天津中心。回忆起加入中心之前的经历，孟祥飞对超级计算技术有着无奈和心酸。

"2007年，我在南开大学攻读博士期间从事物理研究，需要大规模计算平台支撑，当时国内科研条件薄弱，无法继续开展课题研究，因此被公派到美国留学。"那时候，美国很多实验室都有超级计算平台，并且所有技术都被欧美国家垄断，这一现实深深刺痛了孟祥飞的心，也让他更加深刻体会到张伯苓老校长"爱国三问"的内涵。留学期间，孟祥飞全力投入研究，对超级计算技术有了全面的掌握。

带着责任感和使命感，加入国家超级计算天津中心的孟祥飞与团队成员投入工作。从改造机房、安装电缆等"体力活"做起，把一个个上吨重的机柜分毫不差地安装到位，在近40℃的高温天气里连轴转，累了就直接在地上睡会儿，最终仅用7个月就完成了国外1年甚至1年半才能完成的安装测试任务。

"天河一号"登顶全球超级计算机排行榜之后，国际上的质疑声不断。"中国只是造了一台大型游戏机"，言外之意，天河即使速度快，如果没有应用到具体产业领域，也只是一个摆设。

其实，对中国来说，"快"已经不是问题，重要的是应用，把超级计算力转变为强大的生产力，服务于国家经济社会发展，这才是与世界强国竞争的关键。孟祥飞深知"世界第一"只是起点，他开始带领团队打一场攻坚战。因为他深知，唯有应用创新才能使中国真正立足于世界超级计算领域。作为应用团队的研发负责人，他立下"军令状"："干不好'天河'应用，我卷铺盖走人。"

油气能源勘探是石油开发的关键，当时的勘探处理技术，特别是三维高精度、高性能处理成像技术被美国掌握，为此国内一个油田每年要花费几百万甚至上千万美元请美国公司来做这项工作，而且还经常受到制约。孟祥飞带领团队联合中国石油集团东方地球物理勘探有限责任公司向这一领域发起攻关，为了在"天河"上大规模测试，那段时间大家"刷夜"成了家常便饭，最终攻克了高密度勘探处理项目，达到世界精度最高，耗时也从原来的数十天缩短至16个小时，实现了对国外技术的规模替代，解决了受制于欧美的"卡脖子"难题。

经过大家的共同努力，短短三年，国家超级计算天津中心在应用领域就实现了新的跨越，计算需求以每年20%至30%的速度增长，超级计算在加速战略性新兴产业发展、支撑传统支柱产业升级、推动科技招商、实现产业聚集等方面发挥了巨大作用，推动了国家科技创新体系的建设，带动基础研究创新、产业转型升级创新，提升了国家各个领域的科技发展能力，真正成为"算天""算地""算人"的"国之重器"。

天河高性能计算机系统

2015 年开始，"天河一号"超级计算机就已经实现了满负荷运行，每天并发在线计算任务数超过 1400 项、每天完成近万项，做到了真正的"中看又中用"，在各个重大前沿科技和产业创新领域发挥重要作用。

当下，世界已经迈进"E 级超算"的百亿亿次超级计算机时代，美国、日本和欧洲国家都部署了"E 级超算"研发计划。国家超级计算天津中心与国防科技大学历经两年多的研发和关键技术攻关，2018 年 7 月，天河 E 级原型机研制成功。

连续多年的攻关，如今的"天河"新一代超级计算机研制部署已实现重大突破，其中部分节点已经上线，开始对外提供服务。该系统完成的"基于自由能微扰—绝对结合自由能方法的大规模新冠药物虚拟筛选"工作成功入围2021年度戈登·贝尔新冠特别奖。

为了充分发挥"天河"新一代超级计算机强大的计算能力，研发适配国产超级计算系统的关键技术和应用软件，构建新的国产超级计算应用生态，国家超级计算天津中心结合系统研制，联合四十余家机构，面向聚变能源、航空航天、地球物理、生命科学、生物医药、脑科学、人工智能、FAST宇宙科学等重大领域，共同发布"面向新一代国产E级超级计算系统的十大应用挑战"，支撑解决世界科技前沿、经济主战场、国家重大需求、人民生命健康领域的重大挑战性问题。

目前，"天河"超级计算机每天完成超 15000 项计算任务，为全国 8000 余家重点科研单位、企业和政府机构提供服务，累计为企业新增经济效益近 150 亿元，全面支撑科技创新和产业发展。

国家超级计算天津中心作为信创海河实验室承建单位，成功完成实验室方案编制、论证、组建等各项工作，并依托"天河"超级计算平台支撑其他方向的实验室建设，推动跨学科交叉创新、打造协同创新生态。

"长风破浪会有时，直挂云帆济沧海。"从"银河"到"天河"，凝聚了一代又一代科技工作者的雄心壮志、奉献与付出。面对未来我们仍有诸多难题，超级计算的故事没有休止符，只有再攀高峰的新起点，世界的巅峰总有一抹"中国红"。

荣程集团
从"制造"到"智造"

荣程集团工厂

　　你所认为的钢厂是什么样的？遍地黑色的钢渣？车间里挥汗如雨的工人？高耗能、高污染的生产过程？传统落后的工作场景？

当你走进位于津南区的荣程集团，看到的是另外一番景象：绿树成荫的花园式厂区、低碳智能的办公园区、清洁高效的节能环保设施、平稳有序的氢能运输示范应用场景、科技感满满的智慧中心。

企业成立 34 年、扎根津城 21 年，荣程集团颠覆了人们对于钢铁企业的认知。

从两人小家庭到上万人的荣程大家庭，从万元户到百亿资产的现代化集团，荣程集团始终坚持将钢铁主业做精，跨界跨业多元发展，已形成钢铁能源、经贸服务、科技金融、文化健康四大产业。截至 2021 年底，荣程集团位列中国企业 500 强第 257 位、中国民营企业 500 强第 99 位。

荣程集团 65 兆瓦超高温超高压煤气发电机组成功并网发电

荣程集团因改革开放而生，因改革开放而兴。

1988年底，张祥青与张荣华步入了婚姻的殿堂。国家提出逐步确立社会主义市场经济体制的政策吹活了民营经济的"一池春水"，夫妇俩抓住机遇，开始了创业征程，短短五年，凭借能钻研、肯吃苦，做废钢生意就赚到了300万元。1998年、1999年，夫妇俩先后组建特种钢材公司、钢铁厂，奠定了荣程早期发展的根基。

2001年4月，夫妇俩采用分期付款的方式，接手了津南区一家濒临倒闭的企业，从获知消息，到签订合同，再到进厂重建，只用了14天。

多年来，荣程集团心植家国情怀，坚持产业报国、实业强国，走出了一条企业与国家发展同频共振的"荣耀征程"。

创新永无止境，唯有创新才能永葆青春。荣程集团在三十多年的发展历程中，一直把新材料、新技术研发作为企业的核心业务，致力开发生产技术含量高、附加值高的新产品。

结合市场需求，荣程集团加大对高精尖产品的研发力度，如今已形成管带、线、棒三大产品系列，涵盖普钢、优特钢等 200 余个规格品种，优特钢比例达到 60%，产品已打入汽车、装备制造、高铁、海洋石油等领域，成功应用于港珠澳大桥、国家海洋岛礁工程、京雄高铁、国内单体最大 LNG 储罐项目等国家重点工程，并出口印度尼西亚、韩国、巴基斯坦等世界多国。2020 年荣程集团携手合作伙伴支援武汉地区基建，为雷神山、火神山医院建设提供了钢铁原材料。

一个有生命力的企业，是与时代共进的企业。面对全球智能化发展的新浪潮，荣程集团意识到，钢铁行业的数字化转型已经不再是一道选择题、讨论题，而是一道必答题。荣程集团积极顺应国家战略，将智能制造纳入企业发展战略，超前谋划，加大力度实现弯道超车，在工业智能制造方面实现超越，并根据集团的发展特点及发展阶段，提出智云、智运、智造"三智合一"战略规划。通过数字化转型，提升数据驱动的智能生产能力、业务创新能力、生态运营能力，使数字化、智能化贯通制造业全流程、全场景、全业务。

工人们在生产车间工作

在生产车间里，每天都会有这样的工作场景：
一条 1100 毫米全连轧带钢生产线上，耀眼的钢坯流
畅地完成从粗轧、精轧到卷取、冷却的蜕变，而这
一切的幕后指挥——车间工人们，却置身于远离生
产区域、温度舒适的操作间里。

早在 2018 年，荣程集团就与冶金工业规划研究院等单位合作建设智能制造中心。2021 年初，一期工程如期建成，相关智能排产系统、铁前智能配料系统顺利上线；大棒生产线完成实时库存，PDA 扫码发货系统也已部署到位。新建热轧带钢车间、棒材车间、计量检验等生产系统也采用了人工智能机器人操作。目前，荣程集团铁区集控中心投入运行，工业云及数据中台投入使用，智慧物流软件上线运行。"基于大数据的铁区多目标协同优化应用示范项目"入选国家大数据产业发展试点示范项目，"厂区智慧物流项目"入选国家智能制造优秀场景。

传统钢铁行业工序多、生产复杂性高、数据来源多，荣程集团就将新一代信息技术与钢铁制造过程深度融合，借助工业云和大数据中心，对生产系统进行优化并数字化。

荣程集团成为全国冶金行业中第一家荣获"全国冶金绿化先进单位"称号的民营企业

荣程集团集装箱专用线路正式开通

从"杂草丛生的盐碱滩"到"春有花，夏有荫，秋有景，冬有绿"的绿色钢城，走进荣程，你会发现，钢厂不再是黑色的，而是绿色的。多年来，荣程集团投资近亿元，用于企业绿化美化，厂区造林绿化面积达127万平方米，整体绿化率达38%以上，绿化覆盖率达46%，累计提供绿色就业岗位800余个，成为全国冶金行业中第一家荣获"全国冶金绿化先进单位"称号的民营企业，并被授予"国家级绿色工厂"等荣誉称号。

在荣程集团天荣公司，两条铁路专用线横贯厂区。一列满载着废钢的集装箱列车通过集装箱铁路专用线缓缓驶入装卸站台。

这条集装箱铁路专用线投资4000余万元，于2021年7月获得铁路集装箱卸车资质。该专用线投用以来，荣程钢铁集团单日铁路最大接卸能力提升至8列，年焦炭集装箱发运量达到60万吨，由此每年减少汽车运输近2万车次，降低运输能源消耗，进一步释放了铁路运输绿色低碳优势。事实上，荣程集团已累计投资1.2亿元新建两条铁路运输专线及封闭式站台，成为天津市唯一具有多条铁路专用线直接进厂的钢铁企业。

在中国钢铁行业民营企业中，荣程集团率先启动碳达峰及降碳实施行动计划，重点打造氢能源运输、氢冶金、智能制造、"长改短"智慧电炉等十大应用场景。2021年8月，天津市首个氢能运输示范应用场景——荣程众和自用氢能源项目落成启用，天津市网络货运开启"氢时代"。截至2022年7月30日，该项目30辆氢能源车辆累计行驶里程近60千米，加氢4000余次，运输总量16万余吨，减排二氧化碳近600吨。

荣程集团发展三十多年来，始终在"谋"字上下功夫，如今抓紧智能制造的时代机遇，正全力推进智慧工厂建设，顺势而为，"智"谋全局，打造"未来钢铁梦工厂"！

麒麟软件办公大楼

麒麟软件
用卓越的技术，圆自主的梦

在 2022 年 6 月 24 日开幕的第六届世界智能大会上，我国首个桌面操作系统开发者平台"开放麒麟"正式发布。作为打造"开放麒麟"的主导企业，位于天津滨海高新区的麒麟软件有限公司，再一次向世界展示了中国创新的力量。

从 2014 年落户天津，到与中标软件有限公司强强联合，麒麟在天津成长壮大。如今产品能同时支持飞腾、鲲鹏、龙芯等多个国产 CPU，在超 1000 万台用户电脑设备中运行。

早在 1999 年，时任科技部部长徐冠华曾说："中国信息产业缺芯少魂。"其中"芯"指的是芯片，"魂"指的就是操作系统。操作系统是防护之盾。长期以来，我国操作系统市场几乎被国外企业垄断。而在这个领域，随着网络技术和移动通信技术的迅速迭代，信息系统面临着前所未有的安全挑战，自主研发操作系统是保障我国信息安全的重要举措。

麒麟软件总部（王涛摄）

　　"核心技术靠'化缘'是要不来的，必须靠自己拼出来、干出来，一定把操作系统的核心技术掌握在中国人自己手中！" 2001 年，由国防科技大学牵头，联想、浪潮、中软、中科院软件研究所五家单位联手承担国家"863"重大专项——国产服务器操作系统内核研发。

"当时，这个项目是中华人民共和国成立以来最大的软件项目，国家寄予厚望。"孔金珠，麒麟软件有限公司执行总裁，彼时还是国防科技大学计算机学院一名助理研究员，技术报国是他念念不忘并愿为之奋斗一生的梦想。

　　从第一行代码开始，构建一个操作系统谈何容易，仅仅是讨论决定系统要采用的技术路线，就是一个艰难的选择。

　　时间不等人，包括孔金珠在内的计算机行业"国家队"的专家们一头扎进国产操作系统的研发之中，记不清经过多少失败，也记不清有过多少不眠之夜，大家心里都憋着一股劲儿，全都拼了命。

　　终于在 2006 年冬天的一个夜晚，《新闻联播》的一则报道让中国人热血沸腾：中国国产操作系统银河麒麟操作系统研发成功。

　　这个历史性的突破，犹如捅破了一层窗户纸，推动着麒麟大步向前。

2009 年，麒麟操作系统成为首款服务民航核心业务的国产操作系统。

2012 年，麒麟操作系统在我国国家安全领域率先实现规模化应用。

不同于硬件生产企业，操作系统对上下游产业生态环境依赖性很高。天津很早就开始布局和构建信创产业生态。长期以来，麒麟一直在寻找具有良好产业环境、优质营商环境的城市，2014 年，天津麒麟信息技术有限公司成立。

"在这个自主和梦想腾飞的时代，操作系统背负着伟大使命：用卓越的技术，去圆自主的梦。"孔金珠相信，通过中国人的努力，国产操作系统一定能够替换和超越 Windows 操作系统。

麒麟软件公司展厅

2016 年，孔金珠卸下穿了 25 年的戎装，开始带领天津麒麟技术团队，积极参与国产软硬件生态系统的构建。在部队时他的任务是攻克操作系统核心技术，退役后他的任务是完成国产操作系统的产业化推广，不同的任务，同样的初心、同样的使命。

　　"创业艰难百战多"，天津麒麟在创业阶段，经历过很多困难。国产操作系统应用推广，本身就是一件非常困难的事情。

　　"我们根本不可能用你们的产品。""做小规模的试点可以，但是别指望我们大范围应用。"一次次听到有人这样说，孔金珠更加坚定地认为，虽然可能很长一段时间得不到认可，但自主可控绝对是一条必经之路。

　　2018 年，麒麟操作系统荣获国产操作系统领域唯一的国家科技进步一等奖。2020 年，新一代自主创新操作系统银河麒麟 V10 发布，成功打破了国外的技术封锁与垄断，成为承载国家关键信息系统的安全基石，充分向世界展现了中国基础软件行业强劲的研发实力和自主创新的能力。

银河麒麟 V10 操作系统具有国内最高安全等级，快速实现了国产操作系统的跨越式发展，可以充分适应 5G 时代需求，打通手机、平板电脑、计算机等终端，实现多端融合、横向兼容，弥补了自主操作系统的短板。

"能用""可用""好用"被认为是成熟的软硬件发展的必经之路。曾几何时，多少人都在纠结国产操作系统究竟能不能用。现在，用户数量已经证明了国产操作系统不仅能用，而且好用。

目前，麒麟软件已全面服务于国家信息安全和国计民生等领域，在党政、金融、电信、能源、交通、教育、医疗等行业获得广泛应用，有力地支撑着国产信息化和现代化事业的发展。根据赛迪顾问公司统计，麒麟软件旗下操作系统产品，连续九年位列中国 Linux 操作系统市场占有率第一名。

2020 年 3 月 20 日，麒麟软件成立大会在天津举行，同期发布麒麟软件"遨天"行动计划，麒麟软件总部正式落户天津。未来，麒麟软件将实现百亿级资金投入，用五年时间，培育一支规模逾万人的自主操作系统精英团队。

我国首个桌面操作系统开发者平台"开放麒麟"（openKyLin）发布会现场

截至2022年，麒麟软件团队已从品牌合并之初的800余人发展到近3500人，其中技术人员占比70%以上。

树苗的成长，离不开沃土的滋养。麒麟软件总部在落户天津时，涉及大额资金、大量用地、人才待遇、市场供给等方面的问题，双方从沟通到签约，只用了五天时间，这体现了天津服务企业的高度、速度、力度、温度，彰显了天津一流的营商环境。以麒麟软件为代表的中国科技工作者，将在天津继续探索、砥砺前行，书写国产操作系统发展的新篇章！

清华天津装备院

市校联手，解决"卡脖子"难题

清华天津装备院外景

清华天津装备院展厅

　　2014年7月16日，在京津冀协同发展上升为重大国家战略后不到5个月，天津市政府与清华大学签约，清华大学天津高端装备研究院（下文简称清华天津装备院）正式成立。该院依托于清华大学机械工程系，作为清华大学派出院，是集协同创新、产业孵化、成果转化为一体的综合性科技成果转化创新服务平台。

　　建院以来，清华天津装备院根据国家建设需求，聚焦重大科研团队、科研成果，引入清华大学、北京工业大学、西

南交通大学、燕山大学等大学相关领域的优秀科研团队，在机器人与智能制造、微纳制造与节能环保、生医机械与大健康、高端装备四大领域方向实施战略布局。

仅仅数年，清华天津装备院已集聚了四大战略领域的30余个科研团队，与企业合作建立10余个联合研发机构，累计申请专利近300项，累计签订科研项目600余项，科研合同总额突破13

科技研发人员正在做实验

亿元。该院近400名员工中，有70余人毕业或引自清华大学，拥有硕博士学历人数超过200人。至2022年，该院衍生高科技产业化公司17家，注册资本合计2.23亿元，该院所衍生的多家企业被认定为国家高新技术企业、国家科技型中小企业、天津市高新技术企业、天津市瞪羚企业、天津市雏鹰企业。

　　"企业出题、研究所接单、高校支撑"，清华天津装备院这种以市场驱动创新的"反向模式"，形成了产学研链条的"双向促进闭环"，也促进了一系列创新成果在天津诞生。

在机器人与智能制造领域，清华天津装备院研发了国内首套飞行器大部件自动化精密对合智能机器人装备、国内首套大型飞行器内外表面机器人智能喷涂系统；研发翼身对合装配系统，基于轴孔力位混合柔顺装配控制，实现轴孔自动化精密对合；研制成功国内首台航空子午胎自动成型机，为企业提升生产效率16倍；开发航天航空轮胎内部结构的无损检测机，填补国内空白；打造国内第一条重型锻件智能制造生产线，锻件全生产流程自动化，基本可达到无人工厂状态，对提升我国锻造业、重型制造业智能化具有示范意义。

在高端装备领域，清华天津装备院300MN全球最大等温锻造液压机热试成功，实现我国航空、航发领域等模锻关重件的生产；自主研发的钢丝预应力缠绕技术在国内重型锻造设备上实现突破性应用，助力企业进一步发展，为大国重器提供技术保障。

在微纳制造与节能环保领域，该院开发民用空气净化系列产品，为几十万家庭除醛除味；新冠肺炎疫情期间，研发出二氧化氯缓释消毒凝胶，并及时向社会捐赠，收到国务院联防联控机制医疗物资保障组的感谢信，荣获"工业和信息化系统抗击新冠肺炎疫情先进集体"称号。在环保型工业润滑介质的产业化推广方面，该院取得了重大突破，与中国石油、银宝山新、邯郸钢铁、洛阳 LYC 轴承等大型示范性企业形成良好合作关系的同时，工业润滑介质产品在中车集团、航天精工等十多家制造企业获得销售和使用。

作为医工结合典范，清华天津装备院与清华大学机械系、清华临床医学院、北京清华长庚医院，组建人工心肺研究中心；在人工心肺机、医疗机器人、康复机器人、微流控生物检测芯片、中西医智能诊疗系统等方面拥有一批核心技术。

▶

清研同创公司承接的高铁接触网智能腕臂预配平台

航空子午胎一体成型机

　　为促进科研创新活动发展，清华天津装备院积极承接国家建设项目，获批成立超性能表面制造国家地方联合工程研究中心、天津市装备制造减摩降耗工程中心；入选中科协首批科普中国共建基地；被天津市科技局认定为"天津市产业技术研究院"和"技术转移示范机构"；获批成为清华大学高速铁路技术研究中心共建单位，通过技术攻关、成果转化、新产品应用、技术检测等方式，促进行业技术发展与进步。

清华天津装备院已形成较完善的管理体系和运营模式，建设了学历层次高、年龄结构合理、综合素质强的人才队伍。不仅拥有以院士、长江学者、国家杰出青年、国家优秀青年及国家"万人计划"专家为核心的领军人才，同时兼顾员工成长规划与高端人才培养，已成为清华大学博士生社会实践基地、清华大学机械系智能装备设计与制造全日制工程硕士项目实践基地、中国机械行业卓越工程师实训基地，是培养复合型领军人才和高层次创新人才的重要阵地。

除此以外，清华天津装备院为企业提供技术支撑，广泛开展合作，先后与海尔集团、兰石集团、中国广核集团、青特集团、航天精工股份有限公司、天津渤海精细化工有限公司、德铁系统技术有限公司等国内外知名企业建立了战略合作关系；与成都飞机工业集团有限公司、中航贵州飞机有限责任公司、洪都航空工业集团、天津北车轨道装备有限公司等一大批单位开展深入的技术合作。

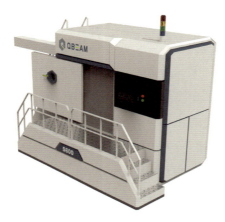

3D 打印设备 Qbeam S600

　　未来，清华天津装备院将继续推进学科建设平台、科技研发平台、成果转化平台和人才培养平台建设，重点打造平台新亮点；计划到 2035 年，院内科研团队突破 60 个，培育行业内高科技企业超过 30 家，建成 2 个国家级研发中心和国际合作中心；同时，建设创新示范基地，构筑成熟体系；在装备制造、新一代信息技术、航空航天、生物医药等领域培育一批拥有自主知识产权、面向市场的优质高新技术产品。清华天津装备院将坚持面向国际学科前沿和国家重大需求，解决国家"卡脖子"技术难题，以创新驱动为引领，打造战略性高端装备产业集群，努力建设世界一流的制造业创新中心。

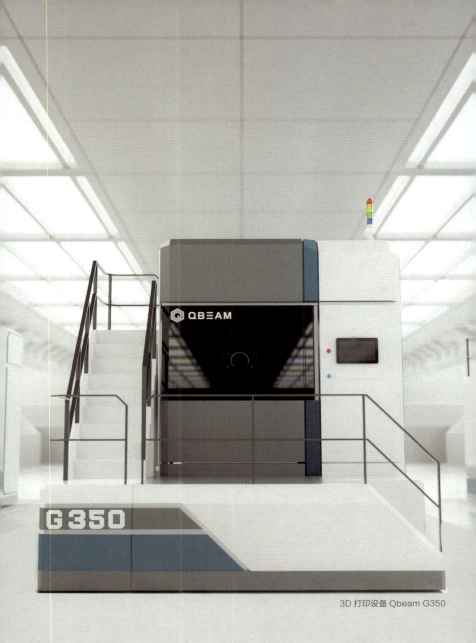

G350

3D 打印设备 Qbeam G350

新时代的创新与坚守

04

2018 年世界智能大会在天津举行（张磊摄）

　　2022 年 6 月 24 日，以"智能新时代：数字赋能 智赢未来"为主题的第六届世界智能大会在天津开幕。这座拥有百余年工业发展底蕴的城市，通过云上直播，把世界智能科技领域的全新理念、全新观点同步展现给全球观众。

```
1 | 3 | 4
2
```

1.康希诺生物技术有限公司在疫苗防疫领域发展迅速，其研制的埃博拉病毒疫苗，通过三期临床试验获国家新药证书（王涛摄）

2.天津津门湖新能源车综合服务中心（李津摄）

3.2019 年 1 月，我国出口非洲的首台盾构机"中铁 665 号"，在中铁工程装备集团盾构再制造有限公司天津工厂成功下线（王涛摄）

4.2011 年 8 月，长城汽车天津生产基地正式启动（付桂钢摄）

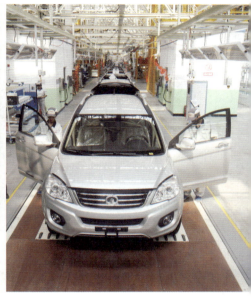

　　一场盛会与一座城市携手并行六年，六年间，这座城市发生了巨大的变化，制造业长出了智能的翅膀，智能元素深度融入生产制造。

　　"一提起智能制造，就会想到天津。""在天津创造未来！"这是世界智能大会上不绝于耳的声音。

1956 年 7 月 1 日试制成功的国产"七一"牌照相机（毕东摄）

　　这声音回应着百余年前三条石打铁铺子的"叮叮当当"、海河岸边船工号子的一唱一和、数十万人纺织基地的机声隆隆，回应着第一块国产手表、第一台国产电视机、第一台国产照相机、第一辆国产自行车成功下线时的欢呼，回应着大飞机、大火箭腾空的巨响……

国营天津自行车厂自主制造轻便两用摩托车成功（关平摄）

◀ 1955 年 3 月，中国第一块手表在天津华威钟表厂诞生（张谛摄）

147

海鸥高级手表机芯（张磊摄）

　　天津制造业的发展史源远流长。天津是老工业基地，老是因为有深厚的积淀、良好的根基。百年历史看天津，看的是历史风云，看的是城市底蕴。

　　进入新时代，立足于历史的纵深，着眼于城市的未来，天津抢抓机遇，打开脑袋上的"津门"，全面承担起建设全国先进制造研发基地的时代使命。

"十四五"规划一开局，"制造业立市"就被写入天津《政府工作报告》，吹响了"坚持制造业立市战略部署，切实夯牢制造业根基，加快建设制造强市"的进军号角。

1986年1月29日，天津电视机厂庆贺该厂电视机产量突破百万台大关（王志贵摄）

中新天津生态城智慧城市运营中心（王涛摄）

制造业是立国之本、兴国之器、强国之基。

"推进中国制造向中国创造转变，中国速度向中国质量转变，制造大国向制造强国转变。""一定要把我国制造业搞上去，把实体经济搞上去，扎扎实实实现'两个一百年'奋斗目标。"习近平总书记的谆谆教诲成为天津重现工业重镇辉煌、发展先进制造业的强劲动力。

如何让"规划图"走向"施工图"，成为"实景图"？天津有自己的路径。

《天津市工业布局规划（2022—2035年）》《天津市制造业高质量发展"十四五"规划》《天津市智能制造发展"十四五"专项规划》《天津市产业主题园区建设实施方案（2021—2025年）》，以及《天津市制造强市建设三年行动计划（2021—

2023 年）》《天津市产业链高质量发展三年行动方案（2021—2023 年）》等一系列政策文件出台，做好顶层设计、搭好四梁八柱，一幅以智能科技产业为引领，以生物医药、新能源、新材料为重点，以高端装备、汽车、石油化工、航空航天为支撑的"1+3+4"现代工业产业体系新图景正徐徐展开。

围绕制造业立市，强化科技赋能，天津制造正加速迈向"天津智造"。在政策引导下，设立百亿级智能制造财政专项资金，截至 2022 年 6 月，已累计支持 7 批共 2795 个项目，建成丹佛斯、海尔 5G 工厂、长荣科技等智能工厂和数字化车间，智能制造示范项目 33 个，

▼

智能分类回收箱 （王涛摄）

▶

智能营业终端让用户全面自助服务成为可能 （王涛摄）

智能制造新模式项目 83 个，推动超过 8000 家工业企业上云，智能制造成为制造业发展的主引擎。

制造业是天津经济的筋骨和脊梁。锚定制造业立市发展战略，帮助企业"强筋健骨"，走好走实高效集约发展之路，天津选择的抓手是"产业链"。瞄准 12 条重点产业链，抓运行、抓企业、抓项目、抓园区、抓人才、抓创新、抓政策，关键环节一体串联，各区主动作为，强化部门协同、市区联动。

截至 2021 年底，天津拥有国家级企业技术中心 68 家，位居全国重点城市第 3 名，市级企业技术中心达到 700 家。市级制造业创新中心达到 9 家，现代中药创新中心成为工业和信息化部批准的国家地方共建创新中心。人工智能创新应用和车联网先导区成功获批，天津成为国内唯一一个拥有双先导区的城市。

第五届世界智能大会上，中车模型吸引公众眼球（刘玉祥摄）

天津 100 万吨乙烯项目（杜建雄摄）

　　海河蜿蜒曲折、从容东流，她记录了这座
工业名城多少个第一和首次。数百年来，海河
岸边的风景变了又变，不变的永远是天津人的
坚守与创新，是天津人勇立潮头、踏浪而行的

　　光荣与梦想，是披荆斩棘、革故鼎新的锐气与担当。

　　　　天津，有信心、有勇气、有能力创造新的辉煌，推动高质量发展行稳致远！

HOW TO READ TIANJIN

FERRY CROSSING

后记

　　1404年12月23日，天津筑城设卫，是中国古代唯一拥有确切建城时间的城市。2022年，她即将迎来618岁生日。

　　孟夏时节，风暖蝉鸣，我们一众出版人齐聚一堂，筹划出版"阅读天津"系列口袋书，旨在贯彻新发展理念，挖掘地域文化，突出趣味性、故事性、通俗性，以"小切口"讲好天津故事，反映新时代人民心声，为城市献上一份贺礼。大家各抒己见，同一座城市却有着不同的关键词：海河岸广厦高筝，滨江道游人如织，这是一座"繁华"的城；古运河舟楫千里，天津港通达天下，这是一座"开放"的城；老城厢幽静雅致，五大道异域风情，这是一座"包容"的城；相声茶馆满堂彩，天津方言妙趣生，这是一座"幽默"的城……

　　倘若一座城市内部千篇一律，必然乏善可陈。不同的关键词，恰好表明天津城市图景具有多样性和丰富性，蕴藏着广阔而灵动的书写空间。然而，究竟从何处下笔为好？

我们又陡觉茫然。

著名作家冯骥才先生曾说："评说一个地方，最好的位置是站在门槛上，一只脚踏在里边，一只脚踏在外边。倘若两只脚都在外边，隔着墙说三道四，难免信口胡说；倘若两只脚都在里边，往往身陷其中，既不能看到全貌，也不能道出个中的要害。"

想来颇有道理，大家要么是土生土长的老天津人，要么是迁居多年的新天津人，早已"身陷其中"，真有必要迈出门槛，重新"远观"这座熟悉的城市。远观之远，非空间之远，乃心理之远。于是，我们计划佯装游客，尽量卸下自诩熟稔的"土著"心态，跟随熙熙攘攘的旅人，再次探寻天津。

漫步五大道，各式各样的洋楼连墙接栋，百年前多少雅士名流、政要富贾寓居于此。骑行海河畔，一座座桥梁飞架两岸，一桥一景，风格各异。游逛古文化街，泥人张、风筝魏、崩豆张等天津特产琳琅满目，坐落街心的天后宫庄严肃穆，漕运兴盛时水工船夫在此会聚求安。徐步杨柳青，古镇曾经"家家会点染，户户善丹青"，年画随运河水波，销往各地。落座津菜馆，罾蹦鲤鱼、煎烹大虾、清蒸梭子蟹、八珍豆腐，"当当吃海货，不算不会过"道出天津人对河鲜海味的偏爱。驱车观海滨，天津港货船繁忙，东疆湾海风拂面，大沽口炮台遗址见证了中华民族抵御外辱的不屈意志，被称为"海上故宫"的国家海洋博物馆收藏着无穷的海洋奥秘……

数日游走，一行人深感佯装游客也是一件力气活儿，哪怕再花上三五天也游不完这座城。旅途的尾声，我们选择登上"天津之眼"摩天轮，将大半座城市的繁华尽收眼底。座舱缓缓升至最高处，眼前的三岔河口正是海河的起点，所谓"众流归海下津门"，极目远眺间，心中豁然开朗！"举一纲而万目张，解一卷而众篇明"，近在眼前的海河不正是那"一纲""一卷"吗？上吞九水、中连百沽、下抵渤海，我们数日以来的足迹，似乎从未远离过海河！

从地图上看，海河水系犹如一柄巨大的蒲扇铺展在大地上，其实她更像是这座城市庞大而有力的根系，将海河儿女紧紧凝聚——城市依河而建，百姓依河而聚，文化依河而生，经济依河而兴。

经过反复讨论，我们决定推出"阅读天津"系列口袋书第一辑"津渡"，以海河为线索，串联起天津的古与今、景与情，讲述海河历史之久、两岸建筑之美、跨河桥梁之精、流域物产之丰、沽上文学之思……

众人拾柴火焰高。在出版过程中，感谢中共天津市委宣传部的谋划和指导，践行守护城市文脉的责任担当，鼓励我们打造津版好书；感谢冯骥才、罗澍伟、谭汝为、王振良先生，为我们指点迷津，完善策划方案；感谢"津渡"的每一位作者、插画师、摄影师、设计师，付梓之时，更觉诸位良工苦心。

最后，感谢抚书翻看至此的读者！甲骨文的"津"，字形像一人持篙撑舟，我们也期望"津渡"犹如一叶扁舟，载着读者顺水而下，遍览一部流动的城市史诗！

"阅读天津"系列口袋书出版项目组

2022 年 9 月